Un livre de la collection
Les racines de Crabtree

LES LIVREURS

DOUGLAS BENDER

Les gens que je rencontre

CRABTREE
Publishing Company
www.crabtreebooks.com

Soutien de l'école à la maison pour les parents, les gardiens et les enseignants

Ce livre aide les enfants à se développer grâce à la pratique de la lecture. Voici quelques exemples de questions pour aider le lecteur ou la lectrice à développer ses capacités de compréhension. Les suggestions de réponses sont indiquées en rouge.

Avant la lecture

- De quoi ce livre parle-t-il?
    - *Ce livre parle des livreurs.*
    - *Ce livre parle de ce que fait un livreur au travail.*

- Qu'est-ce que je veux apprendre sur ce sujet?
    - *Je veux apprendre à quoi ressemble un livreur.*
    - *Je veux apprendre ce que fait un livreur.*

Pendant la lecture

- Je me demande pourquoi...
    - *Je me demande pourquoi certaines personnes deviennent des livreurs.*
    - *Je me demande pourquoi les livreurs portent un uniforme.*

- Qu'est-ce que j'ai appris jusqu'à présent?
    - *J'ai appris que certains livreurs conduisent une camionnette.*
    - *J'ai appris que les livreurs aident à livrer les paquets.*

Après la lecture

- Nomme quelques détails que tu as retenus.
    - *J'ai appris que les livreurs portent un uniforme.*
    - *J'ai appris que les livreurs doivent être forts pour porter beaucoup de paquets.*

- Lis le livre à nouveau et cherche les mots de vocabulaire.
    - *Je vois le mot **scanneur** à la page 6 et le mot **uniforme** à la page 8. Les autres mots de vocabulaire se trouvent à la page 14.*

Voici un **livreur**.

La livreuse livre des **paquets**.

Le livreur a un **scanneur**.

Le livreur porte un **uniforme**.

Certains livreurs ont une **camionnette**.

Connais-tu un livreur ou une livreuse?

Liste de mots

Mots courants

a
le
un
certains
tu
une
la

La boîte à mots

camionnette **livreur**

paquets **scanneur** **uniforme**

29 mots

Voici un **livreur**.

La livreuse livre des **paquets**.

Le livreur a un **scanneur**.

Le livreur porte un **uniforme**.

Certains livreurs ont une **camionnette**.

Connais-tu un livreur ou une livreuse?

Les gens que je rencontre

LES LIVREURS

Auteur : Douglas Bender
Conception : Rhea Wallace
Développement de la série : James Earley
Correctrice : Janine Deschenes
Conseils pédagogiques : Marie Lemke M.Ed.
Traduction : Annie Eveарts
Coordinatrice à l'impression : Katherine Berti
Références photographiques :
Shutterstock : AlexS : couverture; Monkey Business Images : p. 1; MichaelJung : p. 3, 14; Drazen Zigic : p. 5, 14; Rido : p. 7, 14; puhha : p. 9, 13, 14; Gorodenkeff : p. 10, 14

La forme masculine est utlilisée dans cet ouvrage uniquement dans le but d'en alléger la forme et d'en faciliter la lecture

Crabtree Publishing Company
www.crabtreebooks.com 1-800-387-7650

Publié aux États-Unis
Crabtree Publishing
347 Fifth Avenue
Suite 1402-145
New York, NY, 10016

Publié au Canada
Crabtree Publishing
616 Welland Ave.
St. Catharines, Ontario
L2M 5V6

Imprimé au Canada/102021/CPC

Catalogage avant publication de Bibliothèque et Archives Canada

Titre: Les livreurs / Douglas Bender ; texte français d'Annie Evearts.
Autres titres: Delivery person. Français.
Noms: Bender, Douglas, auteur.
Description: Mention de collection: Les gens que je rencontre | Les racines de Crabtree | Traduction de : Delivery person. | Comprend un index.
Identifiants: Canadiana (livre imprimé) 20210271493 | Canadiana (livre numérique) 20210271515 | ISBN 9781039606425 (couverture souple) | ISBN 9781039606487 (HTML) | ISBN 9781039606548 (EPUB) | ISBN 9781039606609 (livre numérique avec narration)
Vedettes-matière: RVM: Livraison de marchandises—Ouvrages pour la jeunesse. | RVMGF: Documents pour la jeunesse.
Classification: LCC HF5761 .B4614 2022 | CDD j658.7/88—dc23